L'ŒUVRE DES VARIN

GRAVEURS CHAMPENOIS

ET LA

VILLE DE REIMS

AU XVIIIe ET AU XIXe SIÈCLES

PAR

H. JADART

MEMBRE NON RÉSIDANT DU COMITÉ DES SOCIÉTÉS DES BEAUX-ARTS

CONSERVATEUR DU MUSÉE DE REIMS

***

PARIS

TYPOGRAPHIE PLON-NOURRIT ET Cie

RUE GARANCIÈRE, 8

—

1903

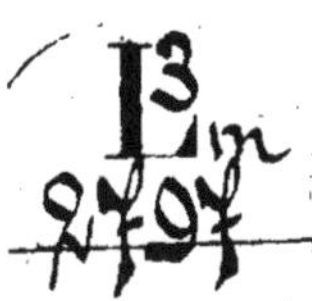

L'ŒUVRE DES VARIN

GRAVEURS CHAMPENOIS

ET LA

VILLE DE REIMS

AU XVIIIᵉ ET AU XIXᵉ SIÈCLES

PAR

H. JADART

MEMBRE NON RÉSIDANT DU COMITÉ DES SOCIÉTÉS DES BEAUX-ARTS
CONSERVATEUR DU MUSÉE DE REIMS

PARIS

TYPOGRAPHIE PLON-NOURRIT ET Cⁱᵉ

RUE GARANCIÈRE, 8

—

1903

Ce mémoire a été lu à la réunion des Sociétés des Beaux-Arts des départements, tenue dans l'hémicycle de l'École des Beaux-Arts, à Paris, le 5 juin 1903.

L'OEUVRE DES VARIN

GRAVEURS CHAMPENOIS

ET LA VILLE DE REIMS AU XVIIIe ET AU XIXe SIÈCLES

La gravure est un art plein de charmes, non seulement pour celui qui le pratique et le perfectionne toujours, mais aussi pour le simple amateur une fois épris du goût, de la manie ou de la passion des estampes. J'ai éprouvé ce charme en admirant dès l'enfance d'anciennes gravures chez une vieille parente, et cette part de son héritage m'est restée plus précieuse qu'un tableau de maître. L'amitié d'un graveur, l'excellent Adolphe Varin, que je cultivai dans l'âge mûr, perpétua et fixa ce culte, dont je ne voudrais pas être un adepte inutile. Il m'a semblé qu'il serait utile de grouper partout nos écoles provinciales de graveurs, comme le fait M. Delignières pour les artistes d'Abbeville, et je vais essayer de résumer, de décrire et de cataloguer d'abord l'œuvre des Varin, dynastie de graveurs essentiellement champenoise, en ce qui concerne la ville de Reims dans les deux derniers siècles.

On se plaint de la décadence de cet art si français, du dédain qu'on lui témoigne avec une criante injustice, de l'aversion même qu'il inspire à quelques-uns en présence des résultats atteints par les procédés photographiques. Cela n'est vrai qu'en apparence ; au fond, le goût et l'estime pour la gravure subsistent : le maintien des traditions est assuré en province. Je n'en veux pour preuve que ce tableau des œuvres exécutées pour la ville, les sociétés ou les particuliers de Reims par une même lignée d'artistes, les Varin, à un siècle d'intervalle, du dix-huitième au dix-neuvième siècle.

§ 1. — *L'OEuvre des Varin à Reims au dix-huitième siècle.*

Les villes de Châlons et de Reims eurent en partage depuis le seizième siècle d'excellents graveurs, nés dans leurs murs et en général y travaillant toute leur vie : Claude Chastillon, Edme Moreau, Chédel et les Varin, à Châlons ; — Nicolas de Son, Jean

Colin et Regnesson, qui fut le maître de Nanteuil, à Reims, pour ne citer que les plus saillants et pour rappeler que ce dernier, en quittant sa patrie, est devenu la gloire de l'École française. Un trait curieux de mœurs locales, c'est qu'à la rivalité près, la ville de Reims emprunta à sa voisine deux de ses graveurs les plus réputés : Edme Moreau, qui illustra Reims au dix-septième siècle, et les frères Varin qui firent de même au siècle suivant. L'art eut donc toujours le privilège de rapprocher et d'unir les talents, comme les intérêts, au-dessus des mesquines considérations de partis ou de clochers [1].

Bornant ici notre examen à la grande tâche accomplie à Reims par les frères Joseph et Charles-Nicolas Varin de 1766 à 1772, nous n'étonnerons aucun de ceux qui se rendent compte des travaux de la gravure en disant qu'ils vinrent y habiter. Il s'agissait en effet pour eux d'achever et de mettre au jour, d'une part les quatre planches des Gentillàtre sur la cathédrale de Reims, et, d'autre part, d'y graver les quatre planches monumentales des fêtes de l'inauguration de la place Royale. C'était un labeur de longue haleine qui exigeait la résidence et l'exacte connaissance des lieux.

La famille des Varin ou Warin était implantée à Châlons dès le seizième siècle ; ses membres gravèrent sur l'étain d'abord et devinrent progressivement graveurs sur métaux, ainsi que leurs descendants l'ont établi [2]. Leur nom n'était pas inconnu à Reims au dix-septième siècle [3], mais nous ignorons la parenté qui put exister entre les Varin de Reims et ceux de Châlons jusqu'à ce

[1] Consulter *Un mot sur la gravure et cet art en Champagne*, par Max. SUTAINE, dans les *Travaux de l'Académie de Reims*, t. XXIX, p. 32, et les notices du même auteur sur les Graveurs rémois, dans la même collection, t. I, XXIV, XXIX et XXXVI. — Sur les Graveurs châlonnais, voir la *Biographie châlonnaise*, par Amédée LHOTE, illustrée par Ad. VARIN, Châlons, Martin, gr. in-f°, 1870, p. 67, 76, 247, 344 et 376.

[2] *Notice sur la famille Varin et catalogue des gravures en taille-douce faites par Jean-Baptiste Varin et ses deux fils Joseph et Charles-Nicolas Varin.* Extrait de la *Biographie châlonnaise*, par Amédée LHOTE, et publié par Adolphe Varin. Châlons, 1870, in-8° de 20 pages, av. portr.

[3] 1684, 9 janvier, par^me S. Julien. — Mariage entre Denys Gilbert et Jeanne Varin, fille de feu N^me Varin et de Jeanne Brin, ses père et mère natifs de Reims. (Registres de l'état civil de Reims)

S. Hilaire, 1764. 11 février. Bapt. de Pierre Varin, fils de Pierre Varin et de Perette Gaillot. (*Ibidem.*)

que ces derniers soient venus marquer leur place dans notre état civil [1]. Ajoutons qu'un Warin, graveur, était inscrit dès 1749 parmi les membres de la Société littéraire de Reims [2].

Ce fut en 1766, l'année qui suivit l'inauguration de la place Royale et par conséquent au moment où l'on songeait à perpétuer le souvenir de sa création par des œuvres d'art dignes d'elle, que nous voyons l'intendant de la province et le conseil de ville de Reims agir de concert pour assurer aux frères Varin un logement commode et agréable dans cette ville [3]. Un accueil distingué était donc réservé à ces deux artistes que nous avons déjà cités, Joseph et Charles-Nicolas Varin alors dans la fleur de la jeunesse et de l'activité, formés par leur père Jean-Baptiste Varin, élèves du chevalier de La Touche et de leur compatriote Chédel [4]. Dans l'état militaire comme dans la profession d'artiste on était alors bien plus vite mûr qu'aujourd'hui, et la liste des travaux de Joseph Varin avant sa venue à Reims, à l'âge de vingt-six ans, étonnerait nos biographes contemporains : il suffira de rappeler qu'il avait déjà travaillé à Paris et été chargé, en 1765, par les

[1] Par[sse] S. Denis, 1771, 6 août. Mariage entre M[r] Etienne Lescure, m[d] mercier, — Et d[elle] Marie Thérèse Mortu. — Témoins : M[r] Joseph Varin, ingénieur graveur, de la p[sse] de S[t] Pierre, cousin germain de l'époux, et M[r] Charles Nicolas Varin, ingénieur graveur, de la p[sse] S. Pierre, aussi cousin germain... (État civil de Reims.)

[2] *Warin*, graveur, demeurait à Reims en 1749, car il figure à cette date parmi les fondateurs de la Société littéraire dont le président était M. de la Salle et le secrétaire perpétuel Clicquot-Blervache. (Ms. de M Lacatte. — Note de M. Ch. Loriquet.)

[3] 1766, 27 janvier. Conclusions du Conseil, p. 93 :

« Vu la lettre par laquelle M. l'Intendant mande de donner tous les secours nécessaires aux s[rs] Warin, graveurs, pour l'exécution de leur projet, même de leur fournir un logement commode, que M. Trousset veut bien leur donner une portion de maison à charge par la ville de s'engager à lui payer annuellement 200 livres pendans le tems qu'ils occuperont led. appartement.

« Après le rapport fait par les Srs Warin que le logement leur est convenable la Cie a conclu que le s[r] Trousset seroit prié de le cedder aux s[rs] Warin pour l'espace de trois ou quatre années, et s'engage à lui payer les 200 l. par an pour le tems que lesd. s[rs] Warin occuperont led. appartem[t] pour la gravure des planches des fêtes de l'inauguration. La comp[ie] a encore conclu qu'il leur soit prêtée sous leur récépissé la presse appartenant à la ville et qui sert à tirer des gravures, à charge par eux de la remettre en bon état. » (Archives communales.)

[4] Nés à Châlons en 1740 et 1741, morts en 1800 et 1812. Cf. Notice sur *Joseph Varin, graveur, et sa famille*, dans les liasses mss. léguées par Louis Paris à la Bibl. de Reims, cabinet des mss.

Etats de Bourgogne, de graver une carte de cette province, et que cet ouvrage lui valut le titre de membre associé de l'Académie de Dijon. Rouillé d'Orfeuil, intendant de Champagne, connaissait donc le mérite et le talent éprouvé de ses protégés. La lettre suivante en fait foi :

A Chaalons le 19 aoust 1766,

« Je ne puis qu'approuver, messieurs, la Délibération que vous avés prise le 14 de ce mois, à l'effet de souscrire pour cent cinquante exemplaires des gravures des festes. — Les sieurs Varin qui ont entrepris cet ouvrage, ont déjà fait connoître qu'ils ont des talens, et les secours qu'ils peuvent retirer des conseils de M. Cochin, doivent faire espérer que ces gravures seront intéressantes, surtout pour la ville de Reims ; elles luy rapelleront des jours qui doivent estre toujours précieux pour les bons et véritables citoyens. J'ay donc visé votre Délibération que je vous renvoye cy joint, et dont vous pourés remettre une copie aux sieurs Varin, s'ils le désirent.

« Je pense, ainsi que vous, que ces cent cinquante exemplaires seront suffisans pour en distribuer à la cour ; lorsqu'il sera question de présenter cet ouvrage au Roy, je ferai avec plaisir toutes les démarches nécessaires pour vous en faire obtenir la permission. Soyés très persuadés que je ne laisseray échaper aucunes des occasions où je pouray être utile à la ville de Reims.

« J'ay l'honneur d'être très parfaitement, messieurs, votre très humble et très obéissant serviteur,

« ROUILLÉ.

« Messieurs les officiers municipaux de la ville de Reims[1]. »

Le Conseil de la ville de Reims et son lieutenant des habitants, Henri Coquebert, n'étaient pas non plus sans garantie sur la valeur des artistes qu'ils faisaient venir d'une ville voisine et rivale. Quatre ans plus tôt, en 1762 et 1764, c'était à des graveurs de Paris : Lattré[2], Poulleau, Moitte et Choffard, que l'on

---

[1] Archives communales de Reims. *Place Royale, suites.* Liasse n° 3. — Pour la délibération municipale, voir les registres des *Conclusions du Conseil de ville*, à la date du 14 août 1766.

[2] « Le 4 janvier 1762, le Conseil de Ville de Reims passait un traité avec M. Lattré, graveur à Paris, moyennant la somme de 4,000 livres pour les exemplaires du grand plan de la ville dressé par M. Le Gendre. » (*Conclusions du*

s'était adressé pour l'édition du superbe plan de l'ingénieur Le Gendre, des vues de la place et des statues de Pigalle. Appelés à leur tour, les frères Varin voulurent, d'ailleurs, ratifier leur bonne renommée dès leur entrée dans la cité du sacre, en restituant et en mettant au jour, comme ils disaient, les grandes planchées des Gentillâtre consacrées à l'église métropolitaine. C'étaient aussi deux frères que ces Gentillâtre, et deux vaillants artistes sur l'œuvre desquels il ne sera pas inutile de nous arrêter un moment.

Issus d'une lignée d'hommes aux aptitudes multiples, architectes, ingénieurs, dessinateurs, Léonard et Jacques Gentillâtre étaient réputés, comme leurs pères, pour la parfaite exécution des travaux les plus divers [1]. Leurs contemporains leur ont rendu la pleine justice qu'ils méritaient [2]. Voici, en ce qui concerne la

Conseil de Ville de Reims, rapportées par Lacatte-Joltrois dans son *Histoire abrégée de la ville de Reims*, ms. de la Bibliothèque de cette ville, t. I, p. 199.)

[1] Il y avait à la même époque, à Nancy, une dynastie d'architectes du même nom, peut-être de même souche. Cf. A. Jacquot, *Répertoire des artistes lorrains*, dans la *Réunion des Sociétés des Beaux-Arts*, 1901, p. 317 et 318.

[2] Cf. Bibliothèque de Reims, mss. *Portefeuille de Taizy*, R. B. *Biographie* 22, p. 13.

On y lit : « Leonard Gentillastre, petit-fils de Leonard Gentillastre, architecte, et de Madelaine Jeunehomme, fils de Jean Gentillastre, aussi architecte et de Marie Hourlier, de la paroisse S' Pierre le vieil de Reims, est né en 1674 et mort garcon en 1732, peut être mis au nombre des hommes illustres de Reims par ses mœurs, son habileté et son désintéressement inouïs, disant que comme il avoit reçu de Dieu gratuitement le fruit de ses talens, il le donnait de même. Il a été considéré comme un homme précieux à sa patrie. Il a inventé et élevé l'escalier de S' Nicaise ; il a dessiné et gravé les quatre estampes de l'église Cathédrale de Reims, il a fait le plan de la ville, orné des environs de la ville et de la Banlieue.

« Il a rétabli à peu de frais les deux tours de la dite cathédrale, ayant inventé à cette fin une lanterne de bois tournante, attachée au haut de chaque tour l'une après l'autre, qui n'a couté que 800 l., et a servie d'un échafaut de bas en haut qui auroit été d'un haut prix.

« Pendant toute sa vie, il a conduit tous les ouvrages de la ville, s'étant contenté du payement des ouvriers et du simple nécessaire à la vie, ayant refusé toutes récompenses offertes, il a fait exécuter tous les ouvrages d'architecture désirés pour la décoration du sacre de Louis-le-Bienfaisant, avec des applaudissemens d'autant plus grands qu'il a inventé l'usage de la galerie dont il a donné le plan pour faciliter la marche de la cour depuis la salle de l'Archevêché jusqu'au grand portail de la Cathédrale.

« Il a tiré les allignemens du Cours de Reims. Il a vécu et est mort en philosophe chrétien, après avoir bien mérité de sa patrie et emporté les regrets de ses concitoyens. »

cathédrale, le service qu'ils ont principalement rendu au monument et à leurs concitoyens : Nicolas de Son avait déjà gravé une merveilleuse reproduction du grand portail dans la première moitié du dix-septième siècle, mais les autres parties de l'édifice étaient restées sans qu'on fit valoir leurs admirables proportions. Les frères Gentillâtre conçurent, au début du dix-huitième siècle, le projet de dessiner l'église sous toutes ses faces : *Basilicæ Porta major, Prospectus meridionalis, Prospectus septentrionalis, Posticus,* comme le portaient les titres primitifs des estampes. Ce furent J.-B. Scotin et Poilly qui apportèrent le secours de leur burin aux frères Gentillâtre [1], car l'un d'eux seul gravait, Léonard, et il ne put le faire qu'incomplètement pour la vue septentrionale, mais il signa quand même : *Desseigné et gravez par Liénard Gentillastre, Architecte* [2].

Les exemplaires tirés sur les planches de Gentillâtre sont aujourd'hui très rares et garderont leur réputation, bien qu'il n'en ait paru que trois à l'état de perfection suffisante [3]. Les cuivres passèrent par voie d'héritage, sans doute après le décès

---

[1] « Jacques Gentillâtre, architecte, natif de Reims, vivoit sur la fin du 17ᵉ siècle et au commencement du 18ᵉ; il étoit très bon dessinateur; il a dessiné le portail, la vue méridionale et le chevet ou cul de lampe de l'Église métropolitaine de Reims. Ces trois parties ont été gravées, la vue méridionale et le portail par Scotin an 1722 et 1723, et le chevet par Poily en 1718. Elles sont plus estimées que celles gravées par Vuarin (*sic*). » En écrivant cet article dans sa *Biographie rémoise*, ms. inédit de la Bibliothèque de Reims, p. 208, LACATTE-JOLTROIS ne se rendait pas compte que les frères Varin n'ont fait que compléter et mettre en lumière l'œuvre des frères Gentillâtre. Leur œuvre n'est pas à comparer, c'est une suite d'efforts très louables, très méritoires de la part de chacun.

[2] « Léonard Gentillâtre, frère de Jacques, a dessiné et gravé la vue septentrionale de la cathédrale, elle est moins longue que la vue méridionale dessinée par son frère. On ne conçoit pas comment Léonard Gentillâtre, qui a gravé une œuvre aussi grande que cette partie septentrionale, n'ait pas laissé de lui quelques autres gravures, soit de monumens, soit de portraits, je n'en connais aucun. Il y a à la Bibliothèque de la ville un plan de Reims dessiné par les deux Gentillâtre. » *Biographie rémoise,* par LACATTE-JOLTROIS, ms. inédit de la Bibliothèque de Reims, p. 208.

[3] Voici les dimensions données à ces planches par LACATTE-JOLTROIS dans sa *Biographie rémoise,* ms. inédit de la Bibliothèque de Reims : « La partie méridionale a 31 pouces de longueur sur 18 de hauteur; le portail a 18 pouces de hauteur sur 11 pouces 3 lignes de longueur, et le chevet 18 pouces de hauteur sur 12 pouces 3 lignes de longueur. » (Article *Gentillâtre,* p. 208.) — Cf. *Catalogue du Musée de Reims,* par Ch. LORIQUET, 1881, p. 295, nº 136. L'auteur dénie à tort la qualité de graveur à Léonard Gentillâtre.

des Gentillâtre, successivement entre les mains des familles Fillion et Mitteau, furent estimées deux cent livres en 1751 [1] ; puis elles furent rachetées vers 1766 par les frères Varin dans des conditions et à un prix que nous ignorons. Ils en tirèrent un profit vraiment étonnant à l'aide de retouches et de perfectionnements, sans enlever toutefois à l'ensemble son caractère primitif de simplicité de lignes et même de naïveté dans le dessin. Ils changèrent, bien entendu, les titres qu'ils traduisirent de latin en français, mais ils conservèrent avec scrupule les noms de leurs prédécesseurs, dessinateurs ou graveurs, Jacques et Léonard Gentillâtre, J.-B. Scotin et de Poilly ; ils ajoutèrent uniquement le leur au-dessous avec la mention : *Varin restituit in lucemque edidit,* 1767, et leur adresse à Reims : *A Reims, chez Varin, rue de Vesle, à l'ancienne Douane.* C'était aussi modeste que vrai [2].

Il fallait cependant attirer l'attention du public et trouver des protecteurs à la suite de la restitution d'une œuvre célèbre, mise au jour un an seulement après l'arrivée des graveurs et alors que beaucoup de frais leur incombaient. Les frères Varin renouvelèrent donc les anciennes dédicaces de l'œuvre, où l'on avait mis les noms et les titres du cardinal de Mailly et d'autres personnages du début du siècle. Il les remplacèrent par ceux du cardinal de la Roche-Aymon, archevêque de Reims, sous la vue du grand portail ; de Mgr de Talleyrand-Périgord, son coadjuteur, sous la vue méridionale (la plus belle planche) ; du vénérable chapitre sous la vue septentrionale (restée imparfaite) ; et enfin du Conseil de ville, sous la vue de l'abside, le tout embelli respectivement des armoiries et des attributs de tous ces corps ou personnages. Il en résulta vraisemblablement pour les graveurs un certain renom, beaucoup d'éloges et des remerciements, ainsi qu'une récompense moins honorifique, une largesse ou « gratification de six louis d'or » de la part du Conseil de ville, qui

---

[1] Minutes de Clauteau, notaire à Reims, 1751, 31 décembre. — [2] Contrat de mariage entre J. B^te Mitteau, m^re sergier, et Catherine Fillion, fille de P^re Fillion, chirurgien. La future a comme apport mobilier 2800 livres, tant en argent comptant que linges, habits, ustensiles de ménage, meubles et effets mobiliers, y compris *quatre planches de gravure de toute l'Église de Nostre Dame,* estimées 200 livres, qui seront reprises en nature pour ladite somme ou pour celle qu'elles seront vendues. » (Note transcrite et communiquée par A. Duchénoy.)

[2] Ils signèrent indivisément, mais souscrivirent la dédicace : *Varin frères.*

agréa « les huit morceaux de gravure représentant l'édifice de la cathédrale [1] ». La somme votée, qui se trouva portée à cent quarante-quatre livres, figura à la fois en dépense aux deniers communs [2], et à la Chambre des comptes [3].

Nous arrivons à l'objet capital du séjour des frères Varin à Reims, l'exécution sur cuivre des quatre planches des *Fêtes de l'Inauguration de la Place Royale*. Les dessins en avaient été confiés à deux des plus habiles artistes du temps : Van Blarenberghe et Moreau le jeune, sous la direction de C.-N. Cochin [4]. Le premier dessina trois scènes : la *Cérémonie d'inauguration*, la *Salle de bal dans les Promenades* et le *Feu d'artifice sur la Couture ;* Moreau le jeune signa la *Réjouissance du peuple sur l'Esplanade de la porte de Mars*. Toutes les scènes sont conçues dans une admirable ordonnance et avec une variété étonnante pour les groupes, les costumes, les monuments d'architecture et les perspectives d'illuminations à travers les arbres si majestueux de l'enceinte de Reims. On peut qualifier ces quatre morceaux de types achevés de l'élégance et de la beauté d'une ville de province au milieu du dix-huitième siècle. Nous ne savons ce que sont devenus les dessins originaux, mais les estampes en ont sûrement rendu toute la noblesse et la puissance [5].

Il fallut six ans de travail aux frères Varin pour terminer les cuivres et faire procéder au tirage définitif à Paris [6]. Un traité en

[1] *13 avril 1767. Conclusions du Conseil*, p. 165 v° :

« La compagnie a accepté les huit morceaux de gravure représentants l'édifice de la cathédralle de cette ville, vu dans ses différentes parties, présentés par MM. Varin, graveurs, en conséquence a conclu qu'il leur seroit donné six louis d'or de gratification. » (La table dit les *frères* Varin.) (Archives communales de Reims.)

[2] *1767. Deniers communs et d'octroi*, 115, p. 38 v° : « Aux s^{rs} Varin frères, graveurs à Reims, 144 livres pour grattification à cause des gravures de la cathédrale qu'ils ont présenté à lad. ville. » (*Ibidem.*)

[3] *Registres de la Chambre des Comptes :* « 1767. 144 livres aux s^{rs} Varin frères, graveurs à Reims, pour gratif^{on} à cause des gravures de la cathédrale qu'ils ont présentés à lad. ville. » (*Ibidem.*)

[4] *Biographie châlonnaise*, p. 346

[5] Le Musée de Reims possède ces quatre estampes dans les cadres du temps. Elles viennent d'être nettoyées et remises en état par M. Lecomte, doreur à Reims.

[6] Le prospectus, imprimé par Jeunehomme (4 pages in-12), est daté du 13 mars 1766 : il indiquait les détails de l'entreprise et promettait huit planches moyennant 50 livres pour le tout.

bonne forme avait été conclu entre eux et le Conseil de ville le 14 août 1766 et les magistrats municipaux, qui avaient stipulé la livraison en 1768, en pressèrent l'exécution en 1771, réclamant d'abord l'examen du plan par le syndic de la ville, puis les retouches jugées nécessaires par C.-N. Cochin, qui surveillait l'œuvre. On autorisa enfin le tirage des premières épreuves par Savoye, graveur à Reims [1].

Dès la fin de cette année 1771, il s'éleva plusieurs questions relatives à la fontaine d'Ormesson, que l'on devait aussi faire graver par les frères Varin, à l'achat à Paris du papier nécessaire pour les exemplaires des Fêtes de l'inauguration destinés à la ville et aux souscripteurs, enfin à des payements à effectuer aux graveurs de manière à éviter tout conflit avec leurs créanciers [2].

L'année suivante, 1772, qui est celle de la date gravée sur les planches, vit liquider les derniers comptes et fournir les dernières épreuves. La ville avait souscrit pour cent cinquante exemplaires et devait payer cinq mille quatre cent livres. Les fournitures faites aux souscripteurs, les frères Varin avaient le droit de distribuer les estampes à leur compte à Paris. Ils purent alors sans doute en faire tirer beaucoup chez un imprimeur de leur choix dont le nom reste inconnu, en l'absence de la mention

[1] On lit dans les *Conclusions du Conseil de ville* à ce sujet beaucoup de mentions très intéressantes dont voici les principales :

1771, 4 mars : « La Compagnie a conclu que le traité du 14 aoust 1766 fait entre la ville et les s^rs Varin, graveurs, sera exécuté et M^r le syndic prié d'examiner le plan et la description des fêtes. » — 1771. 8 avril : « Conformém^t au traité faits avec les s^rs Varin, graveurs, pour l'exécution des gravures des fêtes de l'inauguration, il restera à la ville les deux planches qui sont retouchées par M. Cochin, et les deux autres leur seront rendues pour être mises à leur perfection, et sera tiré deux épreuves des premières planches par le s^r Savoye, graveur, et en tout cas il restera toujours 2 planches à la ville. » (Archives communales.)

[2] Voici la conclusion du Conseil relative à ces questions : 1771, 30 septembre : « La Compagnie a conclu qu'il ne seroit point fait de réponse à la lettre des s^rs Varin qui ont entrepris la gravure des fêtes de l'inauguration, que le modèle de la fontaine dédiée à M. d'Ormesson leur seroit renvoyé, et autorise M. Godefroy, agent des affaires de cette ville à Paris, à s'engager au nom de la ville vers le m^d de papier la quantité nécessaire pour tirer les épreuves qui sont destinées pour la ville, et pour les souscriptions lorsqu'elles auront été fournies et distribuées, et ce autant qu'il sera possible d'y fournir sur les deniers qu'elle pourra redevoir aux s^rs Varin dans le cas où il n'y auroit saisie par aucuns de leurs créanciers. » (*Ibidem.*)

habituelle de ce genre sur les gravures et de toute autre indication dans les conclusions du Conseil de ville [1]. Ce dernier n'eut plus à se préoccuper que de la présentation des quatre estampes : il décida qu'elles ne seraient point offertes au roi [2], mais qu'après avoir été encadrées par le sieur Juliac, graveur à Paris, elles seraient remises à l'archevêque de Reims, à son coadjuteur, à l'intendant de Champagne et à la ville de Paris [3].

Les cuivres des vues de la cathédrale de Reims, pas plus que ceux des Fêtes d'inauguration, ne sont restés en cette ville, bien que ces derniers aient été gravés aux frais et sous la surveillance de la municipalité. Aussi n'avons-nous pu les comprendre dans le Catalogue des planches conservées aux Archives de Reims, belle collection locale, d'où le nom des anciens Varin restait malheureusement exclu [4]. Heureusement, les Varin du dix-neuvième siècle ont comblé la lacune, et désormais l'on ne pourra plus déplorer leur absence de notre dépôt rémois.

Joseph et Charles-Nicolas Varin avaient quitté Reims aussitôt l'achèvement de l'œuvre principale qui les y avait attirés, et, dès 1772, ils avaient repris leur droit de cité à Châlons, où ils commençaient à graver le grand Dictionnaire de Sabbathier, professeur au collège de cette ville [5]. Plus tard, ils retournèrent à Paris ; mais finalement l'un et l'autre se rapprochèrent de leur patrie en bien des circonstances et le plus jeune y mourut en 1812.

Le Conseil de ville de Reims ne les rappela pas pour de nou-

---

[1] 13 avril 1772, *Conclusions du Conseil*, p. 16 : « Sera écrit à M. Godefroy de faire fournir à la ville les exemplaires des gravures des fêtes de l'inauguration et celles qui doivent estre fournies aux souscripteurs, pour ensuite être permis aux s⁰ Varin, graveurs, de les distribuer à leur compte à Paris. » (*Ibidem.*)

[2] La *Biographie chalonnaise* relate, au contraire, une audience du monarque à cet effet, sans citer de preuve, p. 346.

[3] 15 mars 1772, *Conclusions du Conseil*, p. 18 v° : « Conclu que les gravures faites par les s⁰ Varin, représentans les fêtes de l'inauguration de la statue de S. M., ne seront point présentées au Roy, et a prié M. Blavier et M. le sindic de traiter avec les s⁰ Varin pendant leur séjour à Paris. — 16 juin 1772, *Conclusions du Conseil*, p. 21 v° : « Marché fait avec le s⁰ Juliac, graveur à Paris, pour la fourniture des cadres des gravures des fêtes de l'inauguration, lesquelles gravures seront présentées à M. l'archevêque, à M. le coadjuteur, à M. l'intendant et à la Ville de Paris » (*Archives communales.*)

[4] La *Chalcographie de la ville de Reims*, 1618-1892, par H. JADART, dans la *Réunion des Sociétés des Beaux-Arts*. 1893, p. 337.

[5] *Biographie chálonnaise*, p. 346, 347.

veaux travaux : il y avait eu entre eux, dans la dernière période de livraison des planches, quelques froissements causés par des retards et dont témoignent les mémoires contradictoires restés au dossier de l'affaire [1]. La vue de la *Fontaine d'Ormesson*, charmante décoration qui devait s'élever sur le marché au blé, dans une perspective latérale de la place Royale, ne fut point gravée par les Varin aux frais de la ville, comme le projet en avait été ébauché. L'œuvre qu'ils réalisèrent à leurs risques vers 1772 n'en fut pas moins soignée et offre un complément aux quatre vues des fêtes, bien que rendue sur un plus petit format [2].

La ville de Reims, depuis la création de l'École de dessin, avait reçu en cadeaux plusieurs portraits : ceux de Roland de Challerange et du marquis de Puisieulx, par Ferrand de Monthelon, puis en 1771 celui du cardinal de la Roche-Aymon [3]. Ce dernier, qui était l'envoi d'un personnage en grande faveur à la cour, parut susceptible d'être gravé aux frais de la ville ; mais les conseillers refusèrent de faire appel au burin des Varin et le projet resta probablement sans suite [4].

Si les Varin ne reproduisirent pas les traits de l'archevêque, ils avaient eu le privilège d'une commande honorable en 1768 de la part de son coadjuteur, Mgr. de Talleyrand-Périgord. La gravure de ce portrait est signée *Varin* à cette date, en regard du nom du

---

[1] On trouve aux archives communales de Reims, *Place Royale depuis* 1766, *n° 3, de* 1766 *à* 1772, un paquet de pièces concernant la gravure de 150 exemplaires complets de plusieurs estampes des fêtes de l'Inauguration de la statue du Roy, de la place royale à Reims, exécutés par souscription par les sieurs Varin frères, sous l'agrément de Mgr l'Intendant. La principale pièce est le traité passé le 15 septembre 1766 entre la ville et lesdits sieurs Varin, moyennant la somme de 5400 livres payable à termes. En 1772, les sieurs Varin ont présenté à M. l'Intendant un mémoire auquel MM. du Conseil ont répondu. (*Inventaire des chartes de l'Hôtel de ville*, par Le Moine, 1787, p. 689.)

[2] Le monument de cette fontaine ne fut pas exécuté ; il en reste une gouache au Musée de Reims, signée *J.-B. Lallemand, d'après Le Gendre*, vers 1765. La gravure, signée *Varin*, en est la reproduction. Cf. *Catalogue du Musée*, par Ch. Loriquet, 1881, p. 245. — La gouache a été reproduite en photogravure dans *Une vieille cité de France*, 1900, p. 424. (*Reims*, par H. Bazin.)

[3] *Conclusions du Conseil*, année 1749, f° 19, 36, 44 et 70 ; années 1771-75, f° 34.

[4] 1773, 1er février, *Conclusions du Conseil*, 46 v° : « La Compagnie a conclu qu'elle ne se servirait point du burin des s Varin, graveurs, pour la gravure du portrait de M. le cardinal de la Roche aimont, sauf à prendre d'autres mesures par la suite. »

peintre : *Wilbault pinxit*[1]. C'est une belle pièce de grand format, offrant le prélat à mi-corps, tête nue, en manteau de fourrures, avec ses armes et ses titres entourés des attributs du sacerdoce et de l'épiscopat : calice, croix, crosse, chapeau et mitre. Cet entourage allégorique religieux devait aussi être accompagné d'une poésie ou d'une dédicace qui n'existe pas sur notre exemplaire. Nous trouvons dans le Journal de Havé, en 1781, une allusion de ce genre :

« Vers pour mettre au bas du portrait de Mgr l'archevêque duc de Reims, premier pair de France, etc.

> Illustre prélat, dont le rang,
> Les titres mérités ne sont pas seuls la gloire ;
> Un plus cher à ton cœur, c'est d'être dans l'histoire,
> Comme Louis, surnommé *Bienfaisant*[2]. »

Le portrait de M. de Talleyrand avait été placé également par C.-N. Varin sur une thèse de grand format, avec encadrement allégorique, qui fut soutenue à l'Université de Reims en 1761[3]. On y retrouve, sous un plus petit aspect, la figure bienveillante du coadjuteur de Reims, qui devait mourir archevêque de Paris en 1822, sans avoir pu revenir à Reims après la Révolution.

Un autre dignitaire du clergé de Reims, Nicolas Parchappe de Vinay, docteur de Sorbonne, prévôt du chapitre et doyen de l'Université, recourut de même pour son portrait au talent de C.-N. Varin. La gravure fut exécutée à Reims en 1766, d'après la peinture de Le Scure en 1761, et l'année même de la mort du personnage[4]. L'ensemble et les détails sont d'une grande délicatesse : la figure du vieillard s'en détache pleine de vie.

---

[1] *Jacques Wilbault*, peintre de Château-Porcien. Cf. *Réunion des Sociétés des Beaux-Arts*, 1886, p. 280.

[2] Signé par *M. le Mc Av. arc. de l'Académie de Châlons.*

Le journaliste ajoute : « Ce quatrain a été fait après l'incendie de Saint-Thierry près Reims, du 17 octobre 1781, où le caractère de bienfaisance de M. l'Archevêque s'est développé et où il a rappelé les traits héroïques de MM. d'Alby et Châlons. » (*Journal de Champagne*, par Havé, du 5 novembre 1781, p. 180.)

[3] *Thèse de théologie*, grand placard in-folio, achetée à la librairie Michaud par la Bibliothèque de Reims, en avril 1895, portant inscrit dans un ovale, au sommet, le portrait gravé d'Alex.-Angélique de Talleyrand-Périgord, avec les mêmes signatures : *Wilbaut pinxit, Varin sculpsit.* L'acte est soutenu par *St. J. B. Robert, presbyter Remus, Petro de Saulx preside*, à la date du 30 décembre 1767.

[4] *Recherches sur les personnages nés en Champagne dont il existe des portraits dessinés, gravés…* par SOLIMAN LIEUTAUD, in-8°, Paris, 1856, p. 99 et 106.

Telles sont les principales œuvres dues au burin des **frères Varin** en ce qui concerne exclusivement les monuments ou les personnages rémois du dix-huitième siècle. Nous nous sommes aidé, pour en dresser la liste, des souvenirs de famille aussi bien que des notices publiées et des séries conservées dans les collections d'amateurs rémois ou les dépôts publics[1]. Les omissions que nous avons pu laisser dans ce relevé seront comblées par d'autres chercheurs; du moins, nous croyons avoir signalé l'essentiel, dont on trouvera en appendice le détail, pièce par pièce, avec l'indication des titres, dimensions et signatures.

Ce coup d'œil donné sur le passé nous semble suffisant, et nous passons au siècle suivant, qui n'est déjà plus le nôtre.

§ 2. — *L'œuvre des Varin à Reims au dix-neuvième siècle.*

Ce fut en faveur de la cathédrale et de l'église Saint-Remi que les descendants des anciens Varin renouèrent leurs traditions à Reims au dix-neuvième siècle. C'étaient encore les frères Varin; mais au lieu de deux, ils étaient trois, fils de Joseph Varin, graveur à Châlons, et petits-fils de Charles-Nicolas qui gravait à Reims en 1762 : Amédée, Adolphe et Eugène Varin. Ce dernier seul survit aujourd'hui de cette génération[2], et son fils, Raoul Varin, continue la tradition, qui avait aussi été suivie par son neveu Delauney, excellent graveur à l'eau-forte. Nous aurons à les citer tous en signalant leur participation féconde à l'illustration monumentale de Reims et des environs, à la biographie et à l'iconographie locales.

Leur œuvre la plus populaire, nous voulons dire la plus répandue, est la paire d'estampes faisant pendant et reproduisant avec

---

[1] M. Eugène Varin, à Crouttes (Aisne), possède quatre volumes ou recueils des œuvres des Varin, ses ancêtres. A Reims, nous avons puisé dans les cartons de la Bibliothèque de la ville, dans la collection de MM. Saubinet et Ch. Givelet et recouru aux connaissances de M. Henri Menu, qui possède aussi une suite de gravures des Varin et a étudié leurs productions à tous.

[2] Sur cette famille entière, consulter la notice sur Adolphe Varin, publiée en 1897 par Frédéric HENRIET dans le tome CIII des *Travaux de l'Académie de Reims*, p. 157, avec portrait, — Cf. *La Vie et les OEuvres d'Amédée Varin*, par Frédéric HENRIET, dans le *Bulletin* de la Société historique et archéologique de Château-Thierry, année 1884.

ampleur le *Portail de Notre-Dame* et l'*Intérieur de Saint-Remi*. La première a été exécutée vers 1855 par Adolphe Varin, d'après le dessin de J.-J. Maquart, artiste rémois[1] ; et la seconde en 1862 par Amédée et Eugène Varin, d'après Auguste Reimbeau, architecte rémois, dont la perte fut si sensible à ses compatriotes.

Ce fut également d'après Auguste Reimbeau qu'Adolphe Varin grava plusieurs vues in-8° de la cathédrale de Reims, pour illustrer l'ouvrage de Prosper Tarbé, *Notre-Dame de Reims*, édité à Reims par Quentin-Dailly en 1852, et ces planches fournirent un nouveau tirage pour l'ouvrage en deux volumes de M. l'abbé Cerf, *Notre-Dame de Reims*, imprimé par Pierre Dubois en 1861. On aura donc un égal intérêt à feuilleter ces pages embellies de gravures au burin offrant le *Plan général*, le *Portail*[2], l'*Abside*, l'*Horloge du chœur*, l'*Ostensoir du treizième siècle*, le *Reliquaire de la Sainte-Ampoule* et la *Cheminée de la grande salle de l'Archevéché*. De bien moindres proportions que l'œuvre de Gailhabaud, celle d'Adolphe Varin laissera quand même sa trace pour l'étude de l'architecture et du mobilier du célèbre monument.

Joignons-y de suite l'indication d'une maîtresse œuvre de la gravure à l'eau-forte : *Cathédrale de Reims* (portail), planche infolio publiée en 1878 par Delauney, gendre d'Amédée Varin, pour une suite d'édifices gothiques rendus tous avec une merveilleuse puissance.

En dehors de ces grands édifices de Reims, les frères Varin s'adonnèrent à l'étude et à la reproduction des moindres monuments et des plus curieuses églises de la région. Bien avant que la photographie eût réalisé les immenses progrès et les facilités qu'elle présente aujourd'hui, Amédée et Adolphe Varin, qui séjournèrent en villégiature dans la banlieue rémoise, mirent au jour en 1854 un recueil des plus précieux pour l'archéologie locale[3]. C'était préluder à une œuvre entreprise beaucoup plus

---

[1] Le dessin original, daté de 1846, est une plombagine superbe et intacte ; elle vient d'être acquise en 1902 par le Musée de Reims et exposée dans la salle des dessins.

[2] Remarquons que pour cette planche seule Ad. Varin a signé *del. et sculp.*

[3] *Reims et ses environs*, photographies des frères Varin, châteaux, églises, etc., publiées par Quentin-Dailly, éditeur, 2 vol. in-4°, comprenant 113 planches, 1854.

tard par l'Académie de Reims, celle du *Répertoire archéologique de la ville et de l'arrondissement de Reims*. Convié à s'y associer par cette Société, qui le nomma membre correspondant en 1885, Adolphe Varin s'adonna avec autant de bonne volonté que de désintéressement à ce projet en cours de publication [1].

C'est ainsi qu'il grava sur cuivre, de 1877 à 1889, douze planches in-8°, remarquables par la finesse du trait, la fidélité des détails et la grâce originale du talent [2]. En ce qui concerne la ville de Reims, nous lui devons la perspective de la *Rue de Tambour* avec la *Maison des Musiciens*, d'après un dessin qu'il en avait pris en 1838 [3] ; — une autre perspective très fidèle d'après d'anciens dessins, *Vue de l'Église Saint-Nicaise au-dessus des remparts* [4] ; — enfin une porte latérale de la cathédrale, au bas de la nef, du côté du sud, surmontée d'un bas-relief représentant le miracle de saint Remi chassant le diable hors de la ville, motif de sculpture du treizième siècle très intéressant en lui-même, qui n'a encore été reproduit dans aucune monographie et que nous présentons pour cette raison ici comme œuvre d'art inédite [5].

Dans l'arrondissement de Reims, nous lui devons les vues de l'église de *Bezannes*, du onzième siècle ; de celle de *Thillois*, du douzième et de celle de *Dizy* de la même époque, plus l'intérieur de l'église d'*Hautvillers*, ancienne église abbatiale des bénédictins, avec sa décoration du dix-huitième siècle et la pierre tombale de D. Ruinart. Une ancienne résidence des Colbert, dite le *Fief de Challerange*, commune de Taissy, fut également gravée

---

[1] Cf. les volumes tirés à part des *Travaux de l'Académie de Reims*, t. LXXVI, LXXXII, LXXXV, LXXXVII et CII, dans lesquels figurent les planches d'Adolphe Varin ; d'autres sont en réserve pour la suite de la publication.

[2] Actuellement en dépôt chez Clément, imprimeur en taille-douce à Paris, Toutes ces planches sont destinées à la *Chalcographie de la ville de Reims*.

[3] Sert de frontispice à l'ouvrage : *Vieilles Rues et Vieilles Enseignes de Reims*, par H. JADART, 1897, in-8°.

[4] Figure dans l'ouvrage : *L'Église et l'Abbaye de Saint-Nicaise de Reims*, par Ch. GIVELET, 1897, in-4°, p. 177.

[5] Cette porte a été dessinée et mesurée en 1886 par M. Boucton, élève architecte à Reims, actuellement à Alger. Planche en dépôt à Paris chez Paul Moglia, imprimeur en taille-douce, ancienne maison A. Clément, 8, rue du Cloître-Notre-Dame.

par notre collaborateur d'après les dessins du propriétaire,
M. Jules Warnier [1].

Voilà la portion employée des productions d'Adolphe Varin; il
reste de lui à faire paraître au fur et à mesure, dans les volumes
successifs de l'Académie, les vues de l'ancienne église et de l'ancien château de *Gueux* (canton de Ville-en-Tardenois), de l'église
de Fismes avec son ancien porche [2]; enfin un charmant dessin
d'un pupitre en fer forgé du dix-septième siècle, qui appartenait
naguère à l'église de *Loivre* (canton de Bourgogne) et a été indû-
ment aliéné.

Mais il ne suffisait pas au zèle d'Adolphe Varin et à son culte
pour la Champagne de fournir sa part à un recueil d'archéologie.
Il apporta de même le secours de son burin à des travaux d'histoire et de biographie qui tendaient à honorer la mémoire de nos
grands hommes et de nos bienfaiteurs. Sept portraits de format
in-8° ont été gravés par lui sous cette inspiration et avec une sol-
licitude infinie pour la ressemblance avec les originaux qui lui
étaient fournis. Il ne voulait pas moins faire pour la biographie
rémoise qu'il avait fait récemment pour la biographie châlonnaise,
et il n'a pas tenu à lui que son œuvre en notre faveur ne prît les
proportions d'un ouvrage spécial. Mais cinq de ces portraits ont
trouvé leur place dans des études qui ont été consacrées à de véritables célébrités champenoises.

Le premier, le mieux réussi peut-être et le plus poussé dans le
genre des Ficquet, est celui de *Louis-Jean Lévesque de Pouilly*,
qui fut au milieu du dix-huitième siècle lieutenant des habitants
de la ville de Reims et membre de l'Académie des Inscriptions et
Belles-Lettres. Son modèle était un délicat pastel du temps con-
servé au château d'Arcis-le-Ponsart, ce qui permit de reproduire
la figure avec tout son cachet de distinction et de grâce [3]. — Le
second et le troisième portrait furent empruntés comme types à

---

[1] *Répertoire archéologique*, cantons ruraux de Reims et canton d'Ay, dans les
tomes des *Travaux de l'Académie de Reims*, déjà cités plus haut, LXXVI,
LXXXII, LXXXV et LXXXVII.

[2] Nous possédons aussi un dessin de la place de la Mairie de Fismes, par
Adolphe Varin, place qui vient d'être récemment modifiée par la démolition de
l'ancien hospice.

[3] A paru avec une étude de M. l'abbé GENET dans le t. LXVI des *Travaux de
l'Académie de Reims*, p. 23.

d'anciennes gravures qui perpétuent à travers les âges les austères figures du chancelier *Jean Gerson* et de *D. Jean Mabillon*, l'incomparable bénédictin [1]. — Un quatrième personnage allait surgir, sur l'initiative du bibliothécaire de la ville de Reims, M. Ch. Loriquet, en vue de faire revivre *Robert Nanteuil* d'après Edelinck, dont il publiait en 1884 la liste des travaux selon des documents inédits. Adolphe Varin tint à cœur de manier son burin avec la perfection due à l'image d'un grand maître [2]. — Une occasion s'offrit encore de reproduire les traits d'un Rémois contemporain, *Victor Duquénelle*, antiquaire très connu, bienfaiteur du Musée de la ville, auquel il légua ses riches collections. Bien qu'exécutée après la mort cette gravure a toute la valeur d'une œuvre faite *ad vivum,* par le soin mis à rendre les traits de cette physionomie toujours aimée à Reims [3].

Il nous reste deux portraits dont les cuivres n'ont été utilisés que pour des tirages restreints, ceux de *Nicolas* et de *Jacques Wilbault,* peintres de Château-Porcien, gravés par Ad. Varin d'après les tableaux originaux de Jacques Wilbault, acquis en 1899 et l'un des ornements de la galerie des portraits rémois du Musée de Reims. Ils ont été donnés aussi en photographie dans une récente étude sur ces peintres champenois [4].

Nous aurons passé en revue toute la participation d'Adolphe Varin à nos travaux biographiques, en lui reportant l'honneur de deux dessins accompagnant une description de la maison natale de D. Mabillon à Saint-Pierremont (Ardennes). Il a donné la façade de cette étroite demeure sur la rue et la cheminée à grand manteau qui en forme encore le foyer [5]. Lui qui avait été appelé par Didron à l'illustration des *Annales archéologiques* dès leur fondation, il laisse aussi sa trace dans le *Bulletin monumen-*

[1] Publiés avec des recherches biographiques nouvelles par H. JADART, le premier dans le t. LXVII de la même collection, p. 17, et le second dans le t. LXIV, p. 49. Cf. *Revue d'Ardenne et d'Argonne*, t. X, 1903, p. 65.

[2] Paru en tête d'une notice sur l'illustre graveur, par Ch. LORIQUET, dans le t. LXXV de la même collection, p. 1. — Tirage à part de ce portrait pour distribution aux amateurs sur papier de luxe, grand format.

[3] Publié avec la nécrologie par H. JADART, dans le t. LXXIV de la même collection, p. 359.

[4] *Revue historique ardennaise*, novembre-décembre 1902, p. 309.

[5] Nous possédons d'Adolphe Varin ces deux dessins originaux, ainsi que deux figures d'anges de la cathédrale de Reims.

tal dont Arcisse de Caumont, Léon Palustre et Arthur de Marsy ont dirigé avec tant de soin la publication [1].

Le goût des *ex-libris* avait repris faveur à Reims vers 1885, sous l'impulsion du libraire bibliophile F. Michaud, qui en fit exécuter par Ad. Lalauze pour MM. Ad. Dauphinot, Albert Benoist, Raymond Aubert, etc. Adolphe Varin voulut dessiner et graver le nôtre en un simple cartouche, mais avec son faire caractéristique un peu naïf mais bien sincère ; il en fit pour d'autres Champenois bibliophiles, Amédée Lhote, Armand Bourgeois, etc. [2].

Le goût des portraits au burin resta toujours en faveur chez les amis des arts ; mais comme par une suite des modifications apportées aux costumes et aux mœurs depuis la Révolution il semblait que ce fût un hors-d'œuvre trop solennel que l'ancien usage de se faire graver, on se contentait de faire appel au talent du peintre, du physionotrace, puis du lithographe, en attendant l'immense vulgarisation du daguerréotype et de la photographie. Il semble au contraire que, depuis 1860, justement pour réagir contre cette vulgarisation, l'emploi du burin ait reprit son prestige. Il y eut probablement plusieurs Rémois qui y eurent recours, et nous connaissons un portrait de M. *Gustave Gibert*, négociant en vins de Champagne à Reims, très finement gravé par Adolphe Varin en 1869 et véritablement bien réussi dans son coquet profil. C'est de la gravure en miniature.

Un magistrat [3] et l'ardent collectionneur d'Épernay, Eugène Deullin, firent également appel au burin des Varin pour reproduire leurs traits : Amédée et Eugène Varin collaborèrent pour la satisfaction de ce dernier et aboutirent à lui fournir un portrait très remarquable dont il existe une épreuve encadrée à la Bibliothèque de Reims [4]. Ce furent MM. Eugène et Raoul Varin qui furent appelés en 1897 par M. *Jules Warnier-David* à le représenter, d'après une photographie de grand format, sous la physionomie qu'il avait près de vingt ans plus tôt, alors qu'il siégeait comme député de Reims à l'Assemblée nationale. Son désir fut réalisé

---

[1] *Bulletin monumental*, 51ᵉ volume, année 1885, p. 495 et 500. — Le pupitre de Loivre y fut aussi reproduit, même année, p. 64.

[2] *Les Bibliophiles rémois*, par H. JADART, 1894, p. 90, 105.

[3] M. J.-J. Brunetière, bibliophile et iconophile, ancien juge d'instruction, né en 1804 à Fontenay-le-Comte.

[4] Elle est signée : *Amédée Varin ad vivum del.* — *E. Varin sc.* 1877.

avec une correction parfaite, et l'œuvre, signée *Raoul Varin*, se trouve maintenant exposée au Musée de Reims, au centre de la magnifique collection de tableaux modernes légués par ce bienfaiteur à sa ville natale.

Le Barreau de Reims suivit la même impulsion, lorsqu'il eut la généreuse pensée de léguer à la postérité les traits des deux maîtres hors de pair qu'il avait l'honneur de voir à sa tête depuis cinquante ans : *Henri Paris* et *Ferdinand Piéton* [1]. Ce furent encore MM. Eugène et Raoul Varin qui eurent cette double mission, et ce dernier signa deux planches de pur burin, dans le genre classique conçues avec le personnage en buste encadré dans un ovale. Le portrait de M⁰ Paris fut terminé de son vivant à sa grande satisfaction et figura aux fêtes de son cinquantenaire à l'Académie de Reims en 1897 ; il offrit par conséquent à l'artiste l'impression *ad vivum*, qui manqua pour le portrait de M⁰ Piéton terminé en 1902. L'un et l'autre ont leur caractère et leur expression propres : M⁰ Paris, avec sa physionomie méditative, un peu triste comme il disait lui-même, mais où l'on sent l'ardeur et l'éloquence prêtes encore à se manifester dans les dernières luttes à la barre ; — M⁰ Piéton, sous l'aspect de ses années de vieillesse et de réclusion, le visage souriant avec finesse et bonhomie, en pleine parure de simplicité, la tête coiffée de la calotte de l'homme de cabinet, qui se trouve comme métamorphosée en toque pour ceux qui l'ont connu au Palais. En résumé, voilà deux figures notables, deux grands souvenirs rémois qui ne pouvaient être rendus autrement que par le burin avec le relief de la vie et de la pensée.

Le champ reste ouvert pour la confection d'autres portraits, ainsi que pour renouveler d'autres œuvres monumentales et artistiques. Les Varin ne sont pas seuls, d'ailleurs, à concourir au mouvement de retour vers l'art de la gravure : leur tâche n'a rien d'égoïste ; elle n'est pas un monopole, même à Reims. M. Adolphe Bellevoye et M. Pozeler-Censier ont produit plusieurs œuvres à

---

[1] Décédés le premier en 1902, et le second en 1901. Lire leur nécrologie dans les *Travaux de l'Académie de Reims*, t CIX et CXI. Leurs portraits ont été exécutés et offerts à leurs confrères, principalement par les soins de M⁰ˢ A. Brissart et L. Mennesson-Champagne, bâtonniers successifs, et Jules Rome, avoué. Aucune épreuve n'a été mise dans le commerce.

nos expositions. Un de nos compatriotes, M. Abel Jamas, se fait un nom dans cet art à Paris. Ici, nous avons vu publier en 1882 par souscription un vaste recueil, non mis dans le commerce et resté malheureusement inachevé, celui des *Monuments historiques de Reims* par E. Leblan, auquel collaborèrent des artistes comme Pfnor, Sulpis, Bury et Soudain [1], etc. On poursuit en ce moment une autre entreprise par souscription : *Reims à l'eau-forte* par Léopold Lesigne ; — les planches de l'ouvrage de Gailhabaud sur la cathédrale de Reims ont été rééditées en 1894 par M. Alphonse Gosset ; — et, à l'heure présente, M. Raoul Varin reproduit un portrait fort original du Musée de Reims : *Gérard Chardonnet dit l'Arpenteur de Cormontreuil*, autant pour satisfaire son goût d'amateur champenois que pour ne point laisser prescrire un seul instant la tradition de ses ancêtres.

APPENDICE

L'ŒUVRE DES VARIN A REIMS
1766-1902

I. — Élévation du grand portail de l'église métropolitaine de Reims. — *Jacobus Gentillastre del., Scotin sculp*. — *Varin restituit in lucemque edidit*, 1767.

Dédiée à Mgr de La Roche-Aymond, archevêque-duc de Reims, 1er pair de France, primat des Gaules, légat né du St-Siège, par ses très humbles et obéissants serviteurs, Varin frères. (*Écusson aux armes du prélat avec les attributs.*)

Hauteur : 0^m,52. — Largeur : 0^m,31 [2].

II. — Élévation méridionale de l'église métropolitaine de Reims. — *Jacobus Gentillastre del., Scotin*. — *Varin restituit in lucemque edidit*, 1767.

Dédiée à Mgr de Talleyrand-Périgord, archevêque de Trajanople et coadjuteur de l'archevêché de Reims, par ses très humbles et obéissants

---

[1] Compte rendu de cette publication dans les *Travaux de l'Académie de Reims*, t. LXXIX, p. 213. — Les planches gravées par ces maîtres et tous les clichés ont été offerts et déposés aux Archives de Reims.

[2] Les dimensions que nous donnons ici sont celles des estampes sans les marges, c'est-à-dire approximativement celles des cuivres. Les titres sont reproduits ici identiques à ceux des gravures.

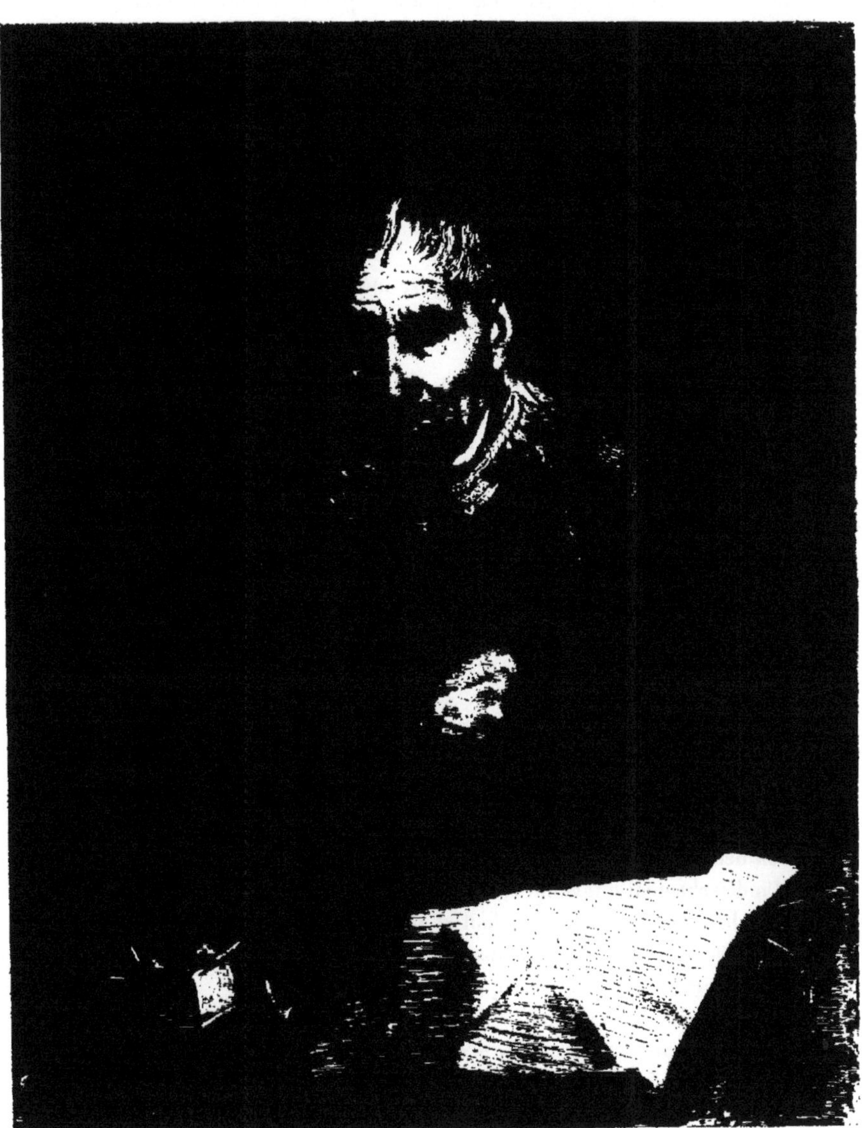

G. CHARDONNET

serviteurs, Varin frères. (*Écusson aux armes du prélat avec les attributs.*)

Hauteur : 0^m,51. — Largeur : 0^m,81.

III. — Élévation orientale ou pourtour de la métropole de Reims. — *Jacobus Gentillastre del., Poilly sculp. — Varin restituit in lucemque edidit,* 1767.

Dédiée aux lieutenant, gens du Conseil, échevins de la ville de Reims, par leurs très humbles et obéissants serviteurs, Varin frères. (*Armes de la ville, avec couronne murale, feuillages, enfant.*)

Hauteur : 0^m,50. — Largeur : 0^m,35.

IV. — Élévation septentrionale de l'église métropolitaine de Reims. — *Jacobus Gentillastre del., Léonard Gentillastre sculp. — Varin restituit in lucemque edidit,* 1767.

Dédiée à messieurs les prévôt, doyen, chantre et chanoine, chapitre de l'église métropolitaine de Reims, par leurs très humbles et obéissants serviteurs, Varin frères. (*Armes du chapitre tenues par deux anges, couronne de chêne*).

A Reims, chez Varin, rue de Vesle, à l'ancienne Douane.

Hauteur : 0^m,48. — Largeur : 0^m,65.

V. — Cérémonie de l'inauguration de la statue de Louis le Bien Aimé à Reims, par M. Rouillé d'Orfeuil, intendant de la province à la tête du corps de ville, le 26 aoust 1765 :

1° M. l'intendant suivi de MM. ses secrétaires ;

2° M. le lieutenant des habitans ;

3° Le corps de ville ;

4° La compagnie de l'arquebuse ;

5° Un escadron composé des jeunes gens de la ville ;

6° Le régiment des recrues de Champagne ;

7° Un détachement de maréchaussée ;

8° Un détachement d'invalides ;

9° Les hoquetons de M. l'intendant et sa maison ;

10° Les hoquetons de M. le lieutenant des habitans ;

11° Amphithéâtre pour la Musique[1].

Van Blarenberghe delineavit. — Varin fratres, socii sculpserunt, 1772. (*Écusson aux armes de France, avec guirlande de fleurs.*)

Hauteur : 0^m,57. — Largeur : 0^m,67.

VI. — Perspective de l'illumination du cours Le Pelletier et de la salle de Bal[2], à l'occasion de l'inauguration de la statue du roy à Reims,

---

[1] Tous ces personnages défilent sur l'estampe ; la place est vue vers l'ouest, les pavillons tous achevés, la statue au centre.

[2] Salle de verdure, décorée de guirlandes, illuminée, dans laquelle sont à l'aise les groupes de danseurs et de promeneurs.

28 aoust 1765. — *Van Blarenberghe delineavit.* — *Varin fratres, socii sculpserunt,* 1772. (*Même écusson.*)

Mêmes dimensions.

VII. — Feu d'artifice tiré sur la place de la Couture[1], à l'occasion de l'inauguration de la statue du roy à Reims, 26 aoust 1765. — *l'an Blarenberghe delineavit.* — *Varin fratres, socii sculpserunt,* 1772. (*Même écusson.*)

Mêmes dimensions.

VIII. — Réjouissance du Peuple près de la Pyramide d'illumination élevée sur l'Esplanade de la porte de Mars[2], et Distribution des vivres, Fontaines de vin sous les ordres de MM. du Conseil de la Ville, à Reims, le 27 aoust 1765. — *Moreau jeune delineavit.* — *Varin fratres, socii sculpserunt,* 1772. (*Même écusson.*)

Mêmes dimensions.

IX. — Fontaine d'Ormesson. Dédié à Mgr d'Ormesson, Conseiller d'Etat ordinaire, et aux Conseils Royaux des Finances et du Commerce et Intendant des Finances, par son très humble et obéissant serviteur Varin. — *Le Gendre inv.* — *C. N. Varin sculp.*

Nota. — Cette fontaine sera exécutée dans le Marché au Bled de la Ville de Reims[3]. — *A Paris, chez Latrée, rue Saint-Jacques, à la ville de Bourdeaux.* (*Écusson aux armes d'Ormesson, trois tiges de lis, fleurs et feuillages sur les côtés.*)

Hauteur : 0^m,35. — Largeur : 0^m,46.

X. — Alexandre Angélique de Talleyrand Perigord, Archevêque de Trajanople, Coadjuteur de l'archevêché de Rheims. — *Wilbault pinx.* — *Varin sculp.,* 1766.

Le prélat en buste dans un cadre ovale, ses armes et les insignes épiscopaux entre l'ovale et la tablette, dans toute la largeur de l'estampe[4].

Hauteur : 0^m,45. — Largeur : 0^m,32.

XI. [*Thèse*]. *Questio Theologica... Tueri conabitur,* 30 *decembris, anno domini* 1767, *Stephanus Joannes Baptista Robert, Presbyter Remus... in aulâ Patriciana Universitatis Remensis...* (Dédicace).

---

[1] Au milieu de la place, arbres en avant, nombreux groupes en face.

[2] Pyramide en feu à l'extrémité d'une place ovale bordée d'arbres, groupes de danseurs et de promeneurs.

[3] Même ordonnance, décoration et personnages que sur la gouache signée *Le Gendre* et *Lallemand,* du Musée de Reims : tailleur de pierre, porteuse d'eau, équipage autour de la fontaine. La gravure se trouve à la Bibliothèque de Reims, comme les précédentes. (Recueil in-f° dressé par Louis PARIS, A A, 69.)

[4] Exemplaire en ma possession ; deux exemplaires dans la collection Ch. Givelet, 1903.

Excellentissimo Ecclesiæ Principi DD. Angelico Alexandro de Talley-rand-Perigord, Archiepiscopo Trajanopolitano, Archiepiscopatus Remensis Coadjutori, etc. Apud B. Multeau, Facult. Typographus.

Deux anges soutiennent la partie inférieure imprimée sur une large draperie ; les armes du prélat surmontent la dédicace, et dans la partie supérieure deux génies soutiennent l'encadrement ovale d'où se détache en buste le portrait du coadjuteur, semblable en petites dimensions à celui déjà indiqué sur l'estampe précédente ; il est signé : *Wibault pinxit. — Varin sculpsit.* Sur la droite, de petits anges portent une croix, un autre délie une gerbe de blé, une cassolette fume sous la figure du prélat ; sur la gauche, une femme assise sur des nuages tient d'une main un livre et de l'autre un cartouche ovale offrant le portail de la cathédrale ; guirlandes de fleurs et nuages à la base, et draperie au sommet sur la droite [1].

Hauteur totale : 1ᵐ,08. — Hauteur de la partie supérieure : 0ᵐ,53. — Largeur : 0ᵐ,73.

XII. — N. Parchappe de Vinay, *abbas de bel. lo..., Sorbonæ Prodec. et fac. Rem. dec. canus, an.* 1711 *Eccl. can. Et præpositus* 1718. [2] — *Le Seure,* 1761. — *Varin scul.,* 1766.

Le personnage, dans un ovale, tient en mains un papier sur lequel on lit : *Compliment au Roy en 1744.* Autour de l'ovale, harpe au sommet, aumusse d'hermine sur la droite, guirlande de fleurs sur la gauche ; calice, plateau, étole, missel, gerbe de fleurs, pinceaux, palette au dessous de l'ovale, le tout reposant sur des nuages. On voit encore sur la base un quatrain en italique :

Pour rendre ce portrait semblable à son modèle,
Il eût fallu que l'art d'un burin enchanteur
Pût retracer aux yeux dans un tableau fidèle
Les grâces de l'esprit et les vertus du cœur.

DE SAULX [3].

Hauteur : 0ᵐ,22. — Largeur : 0ᵐ,19.

XIII. — Notre-Dame de Reims (portail). — *J.-J. Maquart del.* (1846). — *A. Varin sculp. — Impr. Ch. Chardon aîné, Paris. — A Reims, chez Flamand, éditeur.*

Grande vue, écusson au bas (armes du chapitre) tenu par deux anges.

---

[1] Bibliothèque de Reims, grande pièce entoilée, montée sur bâtons.

[2] Abbé de Beaulieu, pro-doyen en Sorbonne et doyen de la Faculté de Reims, chanoine de Reims en 1711, et prévôt en 1718. A tort cette date est donnée en 1751, d'après Soliman LIEUTAUD, *Recherches sur les personnages nés en Champagne,* 1856, p. 160.

[3] Chanoine de Reims, poète et littérateur, mort en 1769. Exemplaire de la collection de M. Ch. Givelet, à Reims.

Fontaine près du portail, groupes de passants, ecclésiastique et frères.

Hauteur : 0^m,58. — Largeur : 0^m,44.

XIV. — Saint-Remi de Reims (intérieur de la nef). — *A. Reimbeau invenit. — Am. et Eug. Varin sculpserunt, 1862. — Imprimerie F. Chardon aîné, 30, rue Hautefeuille, Paris. — A Reims, chez Flamand, éditeur, et chez tous les marchands d'estampes.*

Grande vue, pendant de la précédente, écusson au bas (aux armes de l'ancienne abbaye de Saint-Remi) tenu par deux anges, le vaisseau rempli de fidèles, procession de la châsse de l'apôtre des Francs.

Hauteur : 0^m,58. — Largeur : 0^m,43.

XV. — Cathédrale de Reims (portail). — *Delauney del. et sculp. — Imp. Salmon, Paris. — Publié par Goupil et Cie, éditeurs. — Paris, Londres, La Haye.*

Très grande vue exécutée en 1878, composition à l'eau-forte principalement, comme plusieurs autres monuments faisant suite. L'auteur, gendre de M. Amédée Varin, est mort depuis.

XVI. — Répertoire archéologique de l'arrondissement de Reims, en cours de publication par l'Académie de Reims, 1888-1900, 5 vol. gr. in-8°.

1. Rue de Tambour, à Reims, d'après un dessin d'Ad. Varin en 1838.

2. Vue de l'ancienne église Saint-Nicaise au-dessus des remparts.

3. Porte latérale de la cathédrale de Reims (côté sud).

4. Église de Bezannes (extérieur).

5. Église de Thillois (extérieur).

6. Église d'Hautvillers (intérieur).

7. Église de Dizy (extérieur).

8. Église de Fismes (extérieur).

9. Ancienne église de Gueux (extérieur).

10. Ancien pupitre de l'église de Loivre.

11. Château de Challerange, à Taissy.

12. Ancien château de Gueux.

Douze planches gr. in-8°, toutes signées : *P. Adolphe Varin. — Imprimerie A. Clément, Paris.*

XVII. — Biographie rémoise et ardennaise, notices en publication dans les Travaux de l'Académie de Reims, 1879-1900, gr. in-8°.

1. Jean de Gerson, 1363-1429, avec emblème dans le haut. — *P. Ad. Varin*, 1880.

2. Dom Jean Mabillon, 1632-1707, emblème de la Congrégation de Saint-Maur dans le haut. — *P. Ad. Varin*, 1878.

Autre portrait de Mabillon, gravé par Ad. Varin en 1875 ; le cuivre a été offert à la bibliothèque de Reims par M. H. M^{nu} en 1903.

3. Cheminée de la maison natale de D. Mabillon, à Saint-Pierremont (Ardennes). — *P. Ad. Varin sculp.*, 1884.

4. Mess^re Louis-Jean Lévesque de Pouilly (1691-1750), lieutenant des habitans de la ville de Reims, membre de l'Académie Royale des Inscriptions et Belles-Lettres. — *P. Ad. Varin sculp.* 1881 d'après le *pastel du château d'Arcy-le-Ponsart.* — *Paris, imp. Beillet, quai de la Tournelle,* 36.

5. Robert Nanteuil, dessinateur et graveur ordinaire du Roy. — *Nanteuil se ipsum delineavit.* — *P. Ad. Varin sc. d'après Edelinck.* — *Imp. A. Clément, Paris* (1884).

6. Duquénelle (Victor), antiquaire rémois, 1807-1883. — *P. Ad. Varin,* 1884. — *Imp. Clément, quai de la Tournelle,* 35, *Paris.*

7. Nicolas Wilbault (l'oncle), peintre de Château-Porcien (1686-1763). — *J. Wilbaut pinxit,* 1763. — *P. Ad. Varin sculp.,* 1889. — *Imp. A. Clément, Paris.*

8. Jacques Wilbault (le neveu), peintre de Château-Porcien (1729-1806). — *J. Wilbault pinxit,* 1787. — *P. Ad. Varin sc.,* 1889. — *Imp. A. Clément, Paris.*

XVIII. — Ex-libris. — *Utinam prosim.* — *Ex Libris Henrici Jadart. Reims,* 1884. — *P. Ad. Varin sc.* — *Imp. A. Clément, Paris.*

Hauteur : 0^m,055. — Largeur : 0^m,075.

XIX. — Portrait de Gustave Gibert, négociant en vins de Champagne à Reims (Titre non gravé). — *P. Ad. Varin sc.,* 1869.

Hauteur : 0^m,130. — Largeur : 0^m,095.

XX. — Jules Warnier. Assemblée nationale, février 1871-février 1876. — *R. Varin* (1898). (*Musée de Reims.*)

Hauteur : 0^m,32. — Largeur : 0^m,24.

XXI. — A Henri Paris, avocat, ses confrères et amis. Reims, 1896. — *R. Varin* (1896). — *Gravé par Raoul Varin. Imp. Boussod, Valadon et Cie.* (*Bibliothèque de Reims.*)

Hauteur : 0^m,35. — Largeur : 0^m,27.

XXII. — A Ferdinand Piéton, avocat, ses confrères et amis. Reims, 1901. — *Gravé par Raoul Varin.* — *Imp. Ch. Willmann.* (*Bibliothèque de Reims*)

Hauteur : 0^m,35. — Largeur : 0^m,25.

PARIS. — TYPOGRAPHIE PLON-NOURRIT ET Cie, 8, RUE GARANCIÈRE. — 5071

PARIS

TYPOGRAPHIE PLON-NOURRIT ET Cⁱᵉ

RUE GARANCIÈRE, 8